Descubriendo Dinosaurios

Estegosaurio

Aaron Carr

CÓDIGO DEL LIBRO
BOOK CODE

F610424

AV² de Weigl te ofrece enriquecidos libros
electrónicos que favorecen el aprendizaje activo.
AV² by Weigl brings you media enhanced books that
support active learning.

El enriquecido libro electrónico AV² te ofrece una experiencia bilingüe completa entre el inglés y el español para aprender el vocabulario de los dos idiomas.

This AV² media enhanced book gives you a fully bilingual experience between English and Spanish to learn the vocabulary of both languages.

Spanish

English

Navegación bilingüe AV²
AV² Bilingual Navigation

CERRAR
CLOSE

INICIO
HOME

CHANGE LANGUAGE
ENGLISH SPANISH

OPCIÓN DE IDIOMA
LANGUAGE TOGGLE

CAMBIAR LA PÁGINA
PAGE TURNING

El pterodactilo no
era un dinosaurio.
Era un reptil volador
llamado pterosaurio.

VISTA PRELIMINAR
PAGE PREVIEW

Estegosaurio

En este libro aprenderás

el significado de su nombre

su apariencia

dónde vivía

qué comía

¡Y mucho más!

4

Conoce al Estegosaurio.
Su nombre significa
"lagarto con tejado".

El estegosaurio era un dinosaurio de gran tamaño. Era del tamaño de un elefante.

El estegosaurio
tenía grandes placas
óseas en su espalda.

Es posible que utilizara estas placas para mantenerse seguro.

El estegosaurio era herbívoro.
Tenía una boca en forma de
pico que le ayudaba a rasgar
sus alimentos.

El estegosaurio tenía una cabeza pequeña y un cerebro diminuto. Su cerebro tenía aproximadamente el tamaño de una limón.

El estegosaurio se movía lentamente sobre sus cuatro patas cortas.

14

Su velocidad máxima era solamente un poco más rápido que la velocidad en que camina una persona.

El estegosaurio vivía en praderas cerca de lagos y ríos.

Vivía en la parte oeste
de Norteamérica.

El estegosaurio se extinguió
hace aproximadamente
150 millones de años.

Las personas conocen al estegosaurio debido a fósiles.

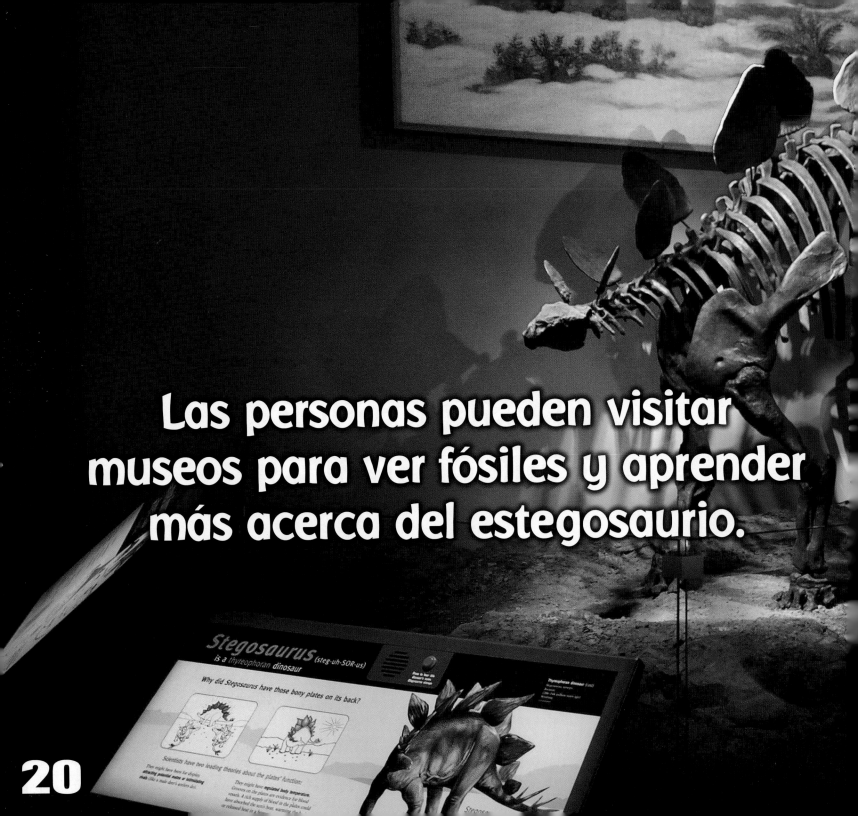

Las personas pueden visitar museos para ver fósiles y aprender más acerca del estegosaurio.

Datos del estegosaurio

Estas páginas proveen información detallada que amplía los datos interesantes encontrados en este libro. Están destinadas a ser utilizadas por adultos como apoyo de aprendizaje para ayudar a los pequeños lectores con sus conocimientos de cada dinosaurio o pterosaurio maravilloso presentado en la serie *Descubriendo dinosaurios*.

Páginas 4–5

La palabra estegosaurio significa "lagarto con tejado".

El estegosaurio es más conocido por su cola con púas y las placas óseas a lo largo de su espalda. Los científicos creyeron en algún momento que estas placas estaban recostadas sobre su espalda como un techo. La cola con cuatro púas del estegosaurio se denomina thagomizer. Los científicos adoptaron este nombre luego de que fuera utilizado en una historieta de 1982 llamada Far Side, que mostraba a un grupo de hombres de las cavernas hablando del estegosaurio y su cola.

Páginas 6–7

El estegosaurio era un dinosaurio de gran tamaño.

El estegosaurio era un dinosaurio grande, bajo y fornido de aproximadamente el mismo tamaño de un elefante. Medía más de 12 pies (3,7 metros) de alto y 30 pies (9 m) de largo. Podía pesar hasta 3,4 toneladas (3 toneladas métricas). Esto es aproximadamente el doble del peso de un auto.

Páginas 8–9

El estegosaurio tenía grandes placas óseas en su espalda.

Las placas triangulares estaban distribuidas en dos hileras a lo largo del cuello, la espalda y la cola del estegosaurio. El estegosaurio tenía 17 placas óseas en total. Las placas eran de distintos tamaños, pero las más largas podían ser de hasta 2,5 pies (0,8 m) tanto de alto como de largo. Los científicos creían que las placas eran usadas como protección, pero algunos ahora piensan que eran utilizadas para atraer parejas. Algunos científicos creen que las placas ayudaban al estegosaurio a regular su temperatura corporal.

Páginas 10–11

El estegosaurio era herbívoro, o vegetariano.
Lo más probable es que el estegosaurio comiera musgos, cicas, helechos, colas de caballo, coníferas y frutos. Pasaba una gran parte del día buscando alimentos y comiendo para mantener su gran tamaño. El estegosaurio mantenía su cabeza cerca del suelo para pastar. Sin embargo, algunos científicos han sugerido que el estegosaurio podría haber sido capaz de pararse sobre sus patas traseras para tomar alimentos de ramas bajas de árboles.

El estegosaurio tenía una cabeza pequeña y un cerebro diminuto. Para ser un dinosaurio tan grande, el estegosaurio tenía una cabeza diminuta. Su cabeza era aún más estrecha que su cuello. El estegosaurio también tenía el cerebro más pequeño de todos los dinosaurios, en proporción con el tamaño de su cuerpo. Algunos científicos se han preguntado si el cerebro del tamaño de un limón del estegosaurio podría controlar un cuerpo tan grande. Pensaban que deben haber tenido un cerebro secundario cerca de sus caderas. Sin embargo, desde aquel entonces, esta teoría ha sido rebatida.

El estegosaurio solamente se podía caminar un poco más rápido que lo que puede caminar una persona. El estegosaurio tenía cuatro patas cortas y potentes. Sus patas traseras medían casi el doble de largo que sus patas delanteras. Con este enrome tamaño y un cuerpo robusto, el estegosaurio era muy lento. Los científicos estiman que su velocidad máxima era de 3,7 millas (6 kilómetros) por hora.

El estegosaurio vivía en praderas cerca de lagos y ríos. Muchos estegosaurios vivían en lo que ahora se denomina Formación Morrison, una expansión rocosa que se extiende desde Montana a New México. En esta área, las vastas llanuras verdes con abundantes ríos y lagos proveían un hábitat ideal para el estegosaurio. Se cree que lo más probable es que el estegosaurio haya vivido en el oeste de Norteamérica, principalmente en Utah, Colorado y Wyoming. Sin embargo, descubrimientos recientes han demostrado que el estegosaurio también vivía en lo que ahora es Portugal en Europa.

El estegosaurio vivió aproximadamente 150 millones de años atrás durante el período Jurásico Tardío. Todo lo que las personas conocen acerca del estegosaurio proviene del estudio de los fósiles. Los fósiles se forman cuando un animal muere y se cubre rápidamente con arena, barro o agua. Esto evita que las partes duras del cuerpo, como los huesos, dientes y garras, se descompongan. El cuerpo queda prensado entre capas de barro y arena. Después millones de años, las capas se convierten en rocas, y los huesos y dientes de los dinosaurios también lo hacen. Esto conserva el tamaño y la forma de los dinosaurios.

Las personas pueden ir a los museos para ver fósiles y conocer más acerca del estegosaurio. Cada año, personas de todo el mundo visitan museos para ver los fósiles de estegosaurio. El museo Smithsonian National Museum of Natural History, en Washington, D.C., tiene fósiles de diversas especies de estegosaurio en exhibición. El Smithsonian tiene uno de los fósiles más completos de un estegosaurio que se ha encontrado.

¡Visita www.av2books.com para disfrutar de tu libro interactivo de inglés y español!

Check out www.av2books.com for your interactive English and Spanish ebook!

1 **Entra en www.av2books.com**
Go to www.av2books.com

2 **Ingresa tu código**
Enter book code

F 6 1 0 4 2 4

3 **¡Alimenta tu imaginación en línea!**
Fuel your imagination online!

www.av2books.com

Published by AV² by Weigl
350 5th Avenue, 59th Floor New York, NY 10118
Website: www.av2books.com   www.weigl.com

Copyright ©2015 AV² by Weigl
All rights reserved. No part of this publication may be reproduced, stored in a retrieval system, or transmitted in any form or by any means, electronic, mechanical, photocopying, recording, or otherwise, without the prior written permission of Weigl Publishers Inc.

Library of Congress Control Number: 2014932868

ISBN 978-1-4896-2066-8 (hardcover)
ISBN 978-1-4896-2067-5 (single-user eBook)
ISBN 978-1-4896-2068-2 (multi-user eBook)

Printed in the United States of America in North Mankato, Minnesota
1 2 3 4 5 6 7 8 9 0 18 17 16 15 14

032014
WEP280314

Project Coordinator: Jared Siemens
Spanish Editor: Translation Cloud LLC
Art Director: Terry Paulhus

Every reasonable effort has been made to trace ownership and to obtain permission to reprint copyright material. The publishers would be pleased to have any errors or omissions brought to their attention so that they may be corrected in subsequent printings.

All illustrations by Jon Hughes, pixel-shack.com; Getty Images: 19 inset, 20.

24